너희가 잠이 들어도 나는 돈다
그러자 팽이는 울고 말았지

날달걀 세우기

날달걀 세우기

오창헌 시집

가을

자서

다들 잊고 살지, 팽이가 돌다 쓰러질 때
팽이의 중앙이 중심을 잃어서가 아니라
팽이의 변방이 중심을 잃어 쓰러진다는 것을

차례

자서

제1부

봄비 인사법 · 14
웃음꽃 한 송이 · 16
삼월이 간다 · 18
헛발질한 증거 · 19
날달걀 세우기 · 20
별이 반짝이는 이유 · 24
지구의 검지 · 25
얼음 등대 · 26
바다의 눈 · 29
바다의 문 · 32
안개와 수평선 · 34
물빛 사랑 · 36
한몸이 되는 순간 · 38

바람의 지도 · 40

하늘 핏줄 · 42

치자꽃 · 44

늪 속의 바람 · 46

저녁 가로등 · 48

매미 껍질 · 50

꿈꾸는 숲 · 52

ㅎㅎ · 54

신불산 갈대 · 56

별 · 57

푸른 불꽃 · 58

빈집 · 60

애통과 애통 · 62

제2부

불안 · 66
팽이 · 68
새벽 풍장 · 70
어느 선생님의 낙서 · 73
이름값 · 76
어떻게 단풍 들까? · 78
겨울 심장 · 79
화해 · 80
환장하겠네 · 82
돌담의 노래 · 84
사월 파도 · 86
사월의 이유 · 87
바람의 노래 · 88

고양이가 아냐 · 90

우화 1 · 92

우화 2 · 94

우화 3 · 96

물이라도 좋으니 아껴 줄래? · 98

고양이가 운다 · 100

봄 달무리 · 102

꽃 핀 자리 · 104

겨울 수도자 · 106

물방울 탑파 · 108

새벽별 · 110

감사의 그릇 · 112

시작일까 끝일까 · 114

시인의 글 · 115

| 1부 |

봄비 인사법

똑똑, 누구지?
창 너머 지붕 끝
자분자분 두드리며 온다

한둘이 아니다
한 번 인사하고 끝낼 손님이 아니다
그래서 나의 인사는
눈 감고 조용히 듣는 일

똑똑, 들리니?
내가 내 마음에 묻는 것도
참 오랜만이다

빗방울은 멈추며

똑

똑

떨

어

져

온몸으로
안부를 묻는데

제 속살 다 보이는
봄비의 마음
눈짓조차 맑다

웃음꽃 한 송이

꽃인 줄 알고 들여다보니
탑이다

기도의 시작이 탑이었으니
기도의 끝도
탑이다

욕심 부리면 층층이 무너지고
욕심 버리면 층층이 사랑이다

어머니는 그렇게 인사하고 떠났다
나 또한 그렁그렁 탑을 쌓으며 산다

하늘빛 한 장
계곡물 소리 한 장
쌓이고 쌓이는 천년의 폐허에서

정혜사지 십삼층석탑을 보았다

정혜사 터에 와서
네잎클로버 찾는 소리
층층이 울려 퍼질 때
기도의 시작도 탑이 되고
기도의 끝도 탑이 되었다

그러하니
웃음꽃 한 송이 피거들랑
경건히 받들라
그건 꽃이 아니라 탑이다

하늘빛 한 장
계곡물 소리 한 장
내 눈과 귀에 쌓였다

삼월이 간다

홍매가 삼월을 연다
이 마음 저 마음 붉게

보고도 못 찾는 게 눈이다
두리번 두리번거리다가

아

홍매가
자꾸 흔든다

살짝 드러난 붉은 문고리

열쇠 한 꾸러미 손에 쥐어주고
삼월이 간다

헛발질한 증거

살다 보면 내 의도대로 되지 않고 빗나가는 경우다
실속 없이 목표물에 다다르지 못하고
엉뚱한 곳에서 헤매는 상황
유원지에서 농구공을 골대에 겨냥하여 던져도
받고 싶은 인형을 얻지 못하는 것처럼
내 사는 곳곳에 내가 헛발질한 증거들이 쌓인다
공부를 겨냥해도 그렇고 사랑을 겨냥해도 그렇다
어찌 보면 내 봄은 내 겨울의 헛발질인지 모른다
빈 가지에 핀 꽃들이 목표물에 도달하지 못하고 진다
그러다 가끔 허공을 가르며 핀 봄꽃이
내 목표물에 맞을 때가 있다
우연 같지만, 집 앞에 누군가 두고 간 쑥떡의 인정 같은
봄은 그렇게 오고 그렇게 간다

날달걀 세우기

고등학교 2학년 여름방학 때 나는
날달걀을 세웠다
SK의 티비 광고는 깨뜨려 세운 콜럼버스의 달걀을 대단한 혁신인양 앞세웠지만
하루만이라도 날달걀을 세워보고 저런 광고를 하는지 오기가 생겼다
차가 지나갈 때마다 흔들리는 밥상을 앞에 두고 날달걀을 세웠다
두 시간이 흐른 잠시
날달걀은 하나 둘 셋을 세는 짧은 시간 동안 섰다 누웠다
그러고는 조금 조금씩 오래 날달걀은 섰다
교과서에 인쇄된 콜럼버스의 날달걀 세우기는 깨뜨려야 하지만
나는 오십이 넘어서도 깨뜨리지 않고 세우는 기쁨을 누리고 있다

한 때 반신반의하던 시인들이 있었다

내가 대리석 조리대에서 날달걀 세우는 것을 보고 그들도 세우기 시작했다

어느 시인은 날달걀을 세우는 나에 대해 시를 썼다

누구는 유정란으로도 세웠다

무정란 유정란 할 것 없이 선다는 것을

누구라도 세울 수 있다는 것을 많은 사람에게 알렸다

사실 날달걀을 세우는 나만의 비법이 있다

날달걀과 대화를 하면 된다

너는 설 수 있다 할 수 있다 주문을 외우듯 마음으로 날달걀에게 말하면

어느 순간 서고 싶다고 날달걀 또한 내게 말하는 것이다

손을 떼면 날달걀은 스스로 하는 일인 양 서 있었다

많은 시인이 그렇게 날달걀을 세웠다며 내게 기쁨을 전했다

오십이 된 어느 날 나는 우연히 집어든 날달걀을 순식

간에 세웠다

  대화도 하지 않고 날달걀을 세웠다

  이게 뭐지? 그 이후로 나의 날달걀 세우는 법은 달라져야만 했다

  시간이 걸려도 그 어떤 주문을 하지 않고도 날달걀을 세워 나갔다

  날달걀은 기도 같은 주문이 없어도 서는 존재라는 것을 알리듯 그렇게 섰다

  내가 세운 게 아니라 자신이 서는 것이라고 말하듯 섰다

  이제 나는 날달걀의 물구나무서기에 도전한다

  한동안 날달걀에 대한 믿음이 없어 도전하지 못했지만

  오십이 넘어서고 보니 날달걀을 과소평가하지 않았나 반성해 본다

  코로나19로 지친 요즈음 콜럼버스의 섣부른 판단을 질책하듯

  삶을 깨뜨리지 않고 세우는 것은

자신을 스스로 파괴하지 않는 것이다, 라는 신념 하
나 세워 놓고
  바로 서서 보지 못하면 물구나무서서 보라는 듯
  날달걀 서는 방법이 한 가지만은 아닐 거란 배움을
  겨울을 깨뜨리는 봄길에서 얻는다

별이 반짝이는 이유

별 총총 별 총총 하늘 아래
어둠의 발걸음 소리
나와 어둠 사이엔
두려움의 거리가 있다
건너가야 할 누군가가 있다
사람이 사람을 건너지 못한다
어둠 뒤꿈치를 노리는
또 다른 어둠 때문이다
어둠이 있어 잠자리에 드는데
이불을 덮고 꿈도 꾸는데
잘 자라고 밤새 반짝이는데
또 다른 어둠 때문에
어둠에 고맙다는 말 한마디 못 했다

지구의 검지

2017년 2월 9일 밤
뉴질랜드 남섬 골든베이 페어웰스핏
사백열여섯 들쇠고래가 방향을 잃고
큰새 부리같이 생긴 해안으로 돌진해 왔다
그중 삼백여 고래가 떼죽음을 당했다
이틀 후에는 이백사십여 고래가 모래톱에 갇혔다
소식이 전해지자 수백 명의 자원봉사자는
만조에 맞춰 고래를 바다로 돌려보내고
인간띠를 만들어 해안으로의 접근을 막았다
나는 큰새 부리가 가리키는 경이를 보았다
고래가 헤엄치지 못하는 바다는
사람에게도 바다가 아니라고 가르치는
골든베이 페어웰스핏 해안의 사람들
지구의 고래별들이 환호하고 있었다

얼음 등대

어렴풋이 밝아오는 항구에서
널브러진 삶의 별똥별들이 내 품으로 모이고 있다
자 이제 가자, 남극 바다로
인생 별거 있나?
별빛조차 살얼음 끼는 남극으로 가자

"남극 바다를 운항하던 한 원양어선이 표류하고 있습니다.
 40명이 승선 중인 이 어선은 이빨고기를 잡는 590톤급으로
 어로작업 중 선미 부분이 유빙과의 충돌로 인해
 오른쪽 조타기가 고장났다고 합니다."

이제 항해는 어렵다 혹등고래 떼가 보인다
잠시 몬테비데오에 입항했다가 다시 바다로 나왔는데 젠장

떠돌이 얼음덩이에 부딪히다니

바다는 고향, 육지는 휴가지
두 눈 불끈 힘주어 솟던 항구에서
속풀이하다 다시 쇠주 한 병 까고야 마는
불같은 뱃놈 기질이 넘실대던 나의 항구여
그대가 그립다

"같은 수역에서 조업을 마치고 귀항 준비 중이던
E원양어선이 어선원 보호와 어구 회수를 지원하며
수리를 시도했지만 성공하지 못했습니다."

빨리 유빙 수역을 빠져나와야 한다
이두박근 어디쯤 허벅지 어디쯤
생의 정점이 꺾이어 가지만
나의 엔진은 아직 뜨겁다

"해수부는 외교부와 행정안전부에 조난 사실을 전파했고,
   남극해양생물자원보존위원회의 사무국과 주변국에
   조난과 어구 회수, 지연 상황 등을 통보하고
   안전과 조업 규제 등에 대처하고 있다고 전했습니다."

바위섬 몇 개 놓인 듯 유영하는 흰수염고래 떼
바다를 가로질러 블루의 정점으로 치닫고 있다

"아라온호가 오늘 오전 8시부터
구조작업을 하고 있다고 합니다."

가끔 삶은 얼음 등대가 된다
이제 두 눈썹조차 하얗게 언 나의 불빛을
남극 한 귀퉁이에 걸어 놓는다

바다의 눈

유튜브에서 본 밴쿠버 수족관 흰돌고래
세 시간의 진통 끝에 아기 고래를 낳았다
아기 고래는 첫 물길을 내며 떠올랐다

2014년 10월 문을 연 서울 롯데월드 아쿠아리움
2007년생 수컷 벨리와 2011년생 암컷 벨라
2012년생 수컷 벨로, 벨로는 2016년 4월
벨리는 2019년 10월 패혈증으로 숨졌다
벨루가의 평균수명은 서른다섯 살이다

롯데월드 아쿠아리움은
2021년 11월 벨라 방류 추진계획을 발표하고
2026년까지 벨라를 방류하겠다고 약속했다

- 벨라는 그때까지 살 수 있을까?

2014년 경남 거제에 문을 연 거제씨월드는
러시아에서 벨루가 네 마리를 들여왔다
2021년 1월 열한 살 암컷 아자가 숨졌다

- 아자의 마지막 메시지는 무엇이었을까?

아쿠아플라넷 여수는 2012년 여수 엑스포를 앞두고
러시아에서 벨루가를 들여왔다
수컷 루이와 루오, 암컷 루비였다
2020년 7월 루이, 2021년 5월 루오가 숨졌다
숨진 흰돌고래 나이는 열두 살이었다

울산 장생포 고래생태체험관 돌고래들도
몇 해째 숨을 거두고 있다
수족관은 돌고래 무덤
수족관에 물거품이 하얗게 이는 이유

살아있을 때 바다로 보내주기를
먼바다에서 솟구치기를
장생포 고래생태체험관 유리창에 비친
진짜 바다 장생포 바다가 바라보고 있다

바다의 문

부산 영도구 청학동 아랫동네
해녀들이 물질하다 한숨 내려놓던
갯바위 섬, 바다에 떠 있습니다
지금은 섬 앞에 수변공원이 있어
갯가의 옛 모습 잃어버렸지만
아장아장 길 찾던 두세 살 아기에겐
엄마가 돌아오는 좌표였지요
뛰놀던 동네 아이들 사라진 저녁
파도가 차올라도 꼼짝하지 않고
갈매기 날갯짓이 어스름 될 때까지
바다를 바라보며 앉아 있었대요
파출소에 여러 번 들락날락 하다 보니
동네 길마다 서리꽃이 피었답니다

갯바위 섬에는 바다로 나가는 문과
바다에서 돌아오는 문이 있습니다

어머니는 배가 불러오는 열 달 동안
갯바위 섬을 돌아 바다로 나가고
갯바위 섬을 지나 바다에서 돌아왔습니다
어머니는 뱃속의 내게 숨비소리 들려주며
바다의 물길과 파도의 출렁임
바다의 속빛과 푸른 문을 일러주었습니다
엄마가 갯바위인 줄 알았던 어린 내가
오십 넘어 찾아간 청학동 갯바위 섬
어스름 녘 밀물 드는 소리 들려옵니다
가슴 밑바닥에 새겨진 숨비소리 한 소절
해지는 끝자락에 남아 바다의 문을 엽니다

안개와 수평선

어느 젊은 날
눈 뜨고도 앞이 보이지 않을 때
홀연히 도착한 바다, 서해

굴업도 가는 배 안에서
굴업도처럼
세상을 엎드려 보았지

안개가 바다를 덮고 있었지만
나를 찾아 두리번거렸지

수평으로 펼쳐진 나를
누운 채 수직으로 바라보았어

한없이 멀지만, 한없이 가까웠을
안개와 나 사이를 읽고 싶었나 봐

섬과 나, 파도와 갈매기 두어 마리
안개 낀 나의 미로에
보일 듯 말 듯 닻 하나 그려 넣었어

나는 내 삶의 연주자인데
내 가슴에서 뽑아낸 몇 개의 수평선을 퉁겨
잔잔한 파도 소리조차 뱉어 내지 못했지

안개에 싸인 내가
나의 연주를 기다리고 있는데 말이야

물빛 사랑

살다 보면 문득 어릴 적 생각이 나죠
그렇게 사랑도 밤바다가 생각났어요
사량도 윗섬과 아랫섬 사이
물결이 잔잔하여 강 이름이 붙은 바다, 桐江

동강 가 불빛들이 물결을 밟으며 내게 왔죠
한 사람에게 온 마음 바칠 듯 어룽어룽 왔지요

육십 바라보는 나이에 그걸 생각해 내고는
당연하던 산과 능선, 집과 나무
하늘과 떠도는 구름, 바다와 출렁이는 섬이
그저 보이는 게 아니라 빛임을 알았습니다
가족 얼굴, 밥과 그릇, 내가 바라보는
사소한 것조차 빛입니다

아, 그대와 나 사이 바다가 없어 알지 못한 빛, 물빛

생각만 해도 무릎을 탁하니 쳐 집니다
어머니가 갓난아이를 지긋이 바라보는 표정처럼
나는 누군가의 바다에서, 누군가는 나의 바다에서
한없이 달려가 감싸안는 물빛 사랑입니다

한몸이 되는 순간

울산 바닷가 차일암 갯강구는
밀물과 썰물의 차이에 길을 낸다
서서히 밀려왔다 서서히 밀려가는 틈바구니
그 차이를 지휘하듯 촉수를 움직인다
용암리 남화리 황성리 성암리, 사라진 마을에서
땅남끝 영시끝 가시끝 치끝 노른방끝 돌끈티
이목끝 대추끝 볃은곳 범바우끝 광대끝 서므끝
돋질끝 한발섬 가시끝, 사라진 해안선까지
물결 따라 바삐 오고 가는 저 숨겨진 길
차일암에 새겨진 화전놀이마저 매립되면
봄꽃 피는 울산 바다는 콘크리트 벽에
철썩 처얼썩 머릴 부딪치며 멍들 것이고
갯강구는 먹이를 찾아 우왕좌왕할 텐데
시꺼먼 온산읍 대정천의 하늘은 더욱더 파래지고
땅 아래 숨긴 양심 따위 어제오늘 일 아니기에
멋모르는 해삼과 사람들은 알 낳고 그걸 먹으니

바다가 가르쳐 준 밀당의 가치 잊었기 때문
바다가 손 내밀 때 움켜쥔 가슴 뛴다면
용서를 구하자 바다에게, 사람의 죄 보인다면
바다가 내미는 수많은 손, 몸 낮춰 잡아보자
서로 받아들이며 시나브로 몸이 열리면 안다
바다와 내가 한몸이 되는 순간이 있음을

바람의 지도

바람에게 길이 있다
보이지 않는다고 길이 없는 건 아니다
바람에게 산이 있다
그러니 강과 바다가 있는 게 무에 문젤까
어머니가 자식에게 손길 내밀다 거두듯
하느님이 기적을 내리다 사라지듯
바람은 왔다가 간다
그곳에 진짜 바람이 불면
마음에 계곡이 생긴다
언제부턴가 그런
바람의 길을 모아
지도를 만들고 싶었다
길을 찾지 못해 허둥대는 아들을 볼 때마다
신의 의미를 넌지시 들이밀어 보고
채찍도 들어 보고
용돈을 쥐어주며 달래어도 본다

그러나 자식은 마이동풍일 수밖에 없나보다
길이란 길은 저만치 서 있다 내가 그랬던 것처럼
이놈아 제발 바람을 느껴보고 바람을 가져보아라
기도할 때마다 내 마음에는 바람이 부는데
언젠간 알겠지
바람의 계곡 앞에 선 날
바람의 길이 오랫동안 나를 이끌어 왔다는 걸
어머니가 그랬듯 내가 그러하듯 먼 훗날
제 자식을 안타까워하는 애비가 되어 있다면 더더욱

하늘 핏줄

훅 다가와 내 몸을 스친다
순간, 소스라치게 놀란다
한 때는 투명한
그 어디 즈음으로 여겼지
보이지 않으나
풀잎 혹은 나뭇가지에 닿을 때
자신을 알리고 사라지는 존재
그 흔한 바람으로 여겨온 나에겐
몇 줌 잔설 내린 겨울 이야기 틈
바람의 뿔에 찔려 나둥그러지다
잎사귀 품에 와락 안기는 꿈인 게지
강변길 나무의자 옆 팽나무
가지마다 뻗은 실가지의 파릇함이
내 핏줄인양 펄떡이고
내 심장소리까지 들려주는 그것은
핏줄을 타고 도는 내 영혼에게

봄바람이 다녀간다는 의미
세상 모든 생명에게 숨을 불어넣듯
거세게 혹은 부드럽게 다녀가는 것이니
얹혔을 때 어머니가 바늘로 따주던
손끝 핏방울처럼 봄길 귀퉁이에서
제비꽃이 핀다 가지마다 잎이 핀다
봄바람 불 때마다 따라 오는 생각
나는 참 무지하구나
해마다 나를 재생하는 바람이여
하늘에서 뻗어내린 핏줄에서 숨이 일고
그게 또 다른 나의 시작이라고 일깨운다
생명의 탯줄이 되어 내 배꼽을 연다
입이 없어도 생명을 물고 날아올라
모두의 피를 돌게 하는 바람이 분다

치자꽃

하느님에게 감각이 있을까? 라고 묻는다면
아마 있을 것이라고 답해야겠지?
뭇사람들이 모든 걸 안다고 했으니
하느님은 모든 창조물과의 통로, 우리가
그 헤아릴 수 없는 감각을 모를 뿐이지
지난 일요일 저녁, 친구와 식사를 했다
그 친구는 코로나19로 인해 음식 맛이
예전 같지 않다고 한다 몇몇 기관이 무뎌졌고
단어도 곧잘 잃어버린다고 한다
나도 코로나19를 앓았지만 그전부터
명사가 생각나지 않아 곤란해지곤 했다
그러니 코로나19 때문만은 아니다
유월 어느 바람 부는 날 강변 꽃밭에서
머리카락 스치며 내 오감으로 치자꽃
향기가 왔다 향기에 취해 치자꽃과
이런저런 이야기도 주고받았다

누군가와 꿈꿀 준비가 된 첫사랑처럼
누군가와 사랑할 준비가 된 연인처럼
치자꽃의 숨결은 향기로웠다
그때 무언가 꿈틀거렸다
너와 나의 꿈결이 흘러갈 때였을까
치자꽃등이 저녁길을 밝힐 때였을까
사랑이라는 단어가 회오리치듯 다가왔다
뜨겁게 혹은 돌진해 오듯

늪 속의 바람

늪에 빠지면 나오기 어려운데
쉽게 나온다

누군가 봤더니 바람

사실에 눈이 멀면 앞이 캄캄
진실로 읽어내면 모든 게 술술

종횡무진하는 바람과
내 마음의 바람은

같은 듯 다른
다른 듯 같은

한 소리로 부르면 오리무중

헷갈리는 바람
늪 속의 바람

저녁 가로등

장대비가 쏟아진다

큰 우산을 써도
바닥에서 튀어 오르는 빗방울이
바지 아랫단을 적시며 달려든다

서서히 조여오는 빗방울 소리
꼼짝없이 갇혀 버렸다

"이럴 땐 어묵탕에 막걸리 한 잔이 제격이지"

소식 끊긴 친구가 생각난다
자글자글 전 굽는 소리 들린다

장대비에 우두커니 서 버린 저녁 가로등
실비집 유리창에 어른거리는 빗방울 소리

어렴풋이 떠오른 기억에 감전될 때가 있다
옴짝달싹할 수 없다

매미 껍질

여름이 새로 깨어난 것일까?

매미가 제 살던 집 버리는 순간
온몸을 다해 첫울음 뱉는
갓난아이처럼 여름이 운다

여름이 뜨거운 것은
평생 살던 집
기꺼이 버려서다

동네 골목길이든
국회 가로숫길이든
산길 강변길까지
모두 뜨거운 것은

제 집 버릴 줄 모르는

어리석은 자들에게
한 말씀 하느라 바빠서다

우리가 허둥지둥 사는 것은
아침 햇살에 빛나는
빈집 한 채
보지 못해서다

꿈꾸는 숲

진달래 피고
개나리 피고
애기똥풀이 피는 것은
꽃에게도 꿈이 있는 까닭이다

새벽에 잠시 왔다 사라지는 꿈이 아니라
리트머스 종이에 스며든 색처럼
저마다 색깔을 꿈꾸는 까닭이다

그러나 저절로 오는 꿈이 어디 있을까
소망하기에
꽃은 언 땅을 비집고 솟아나와
봄맞이 길을 연다

나는 흔한 일처럼 숲을 향한다
숲은 꿈 주머니

숲은 삶의 위로
봄 여름 가을 겨울 굽이치는 숲길에서
꽃의 꿈을 읽어 본다

따뜻한 마음이 굽이굽이 돌아든다
오솔길이 장엄하다
꽃들의 꿈이 숲을 이룬다
다정한 눈짓으로 자신을 내보인다

봄 여름 가을 겨울 내내
꽃들은 활짝 웃는다

이제 우리가 숲에 화답할 차례다

"숲을 사랑하는 너무나 사랑하는 꿈을 꾸자"

ㅎㅎ

누구라도 카톡을 하면서
한 번쯤은
ㅎㅎ, 라는 표현을 가볍게 올리지

ㅎㅎ는 경비행기를 타고 다녀
경비행기 소리 내 마음에 일 획을 그으면
나도 가끔 카톡에 ㅎㅎ를 올리며 상상하곤 해

어느날 어느 나이 지긋한 분이
개인 카톡으로 메시지를 보내왔어
ㅎㅎ, 이거 무슨 뜻이에요?

나도 모르게 경비행기 소리를 냈어

하하 호호 히히
허허 후후 해해, 하다가

헐 헐 헐 ~
마지막엔 기름 떨어진 소리를 내고 말았지

아, 이것만 있는 게 아닌데!

하햐허혀호효후휴
휴ㅎ~, 내 마음에서 바람이 다 빠져나가면
그냥 실실 웃게 되지

신불산 억새

시월 늦바람 단풍잎을 산등성이로 넘기고 있네
나는 그대 곁에서 별 하나둘 세며 눕고 싶으이
그대는 신불산 너른 이마에서 누렇게 익어가고
별똥별 하나 떨어질 때마다 나는 꿈을 꾸겠지
얇아진 달력에 적다만 글귀, 손 끝이 시리지만
그대가 서쪽으로 누우라 하면 서쪽으로 눕겠네
그대가 동쪽으로 누우라 하면 동쪽으로 눕겠네
그대 곁에 누워 답답한 속 한 번 풀고 싶으이
그러니 함께 눕고 함께 한 물결로 출렁여 보세
간월 신불 영축산도 어깨동무하고 있지 않은가
산등성이의 익은 꿈들 가슴 깊이 불타고 있다네

별

밝은 대낮엔
마음에 뜬 별을 살펴야 하고

어둑해진 밤에는
마음에 별자리 새기는 일

태어날 때부터
별이 내게 준 선물이래

대화해 봐
별은

나의 눈으로 나를 보지 말고
별의 눈으로 나를 보라며

반짝, 인대

푸른 불꽃

울산 태화강 십리대숲에 가면
내 마음에 불이 붙는다
마음은 언제쯤 꽃이 필까?
사람들 삶은 불구덩이인데
헤어나지 못하는데
태화강 대숲은 보란 듯이 푸르다
대나무 가지에 불을 붙이면
대숲은 푸른 환희로 가득 찬다
마음이 꽃을 피우지 못하면
삶에는 열매가 맺지 않는다
그러나 누구나 때가 되면
한 번쯤 꽃이 핀다
그게 꿈이고 사는 기쁨이다
푸른 혈맥이 터뜨리는 불꽃 축제
봄 여름 가을 겨울이 모두 선물이다
태화강 밤하늘 검푸른 바람

한 수 배웠다며 고개 끄덕이고
십리대숲은 별들의 축포로 반짝인다

빈집
- 故 안성길 시인 1주기를 맞아

참매미가 허물을 벗어 놓았다

학교에서 돌아와 문 열 때
엄마 없는 빈방처럼

허물은
어린 나를 웃자라게 했다

아무렇지 않다고
태권브이처럼 단단할 거라고

어린 마음 한구석에
씨앗 하나 심었다

씨앗이 자랄 때마다
참매미가 울었다

빈집이 되어버린 한 사내를 안다

육십몇 번째 구월을 맞아서인지
참매미 울음도 들리지 않았다

젊은 시절 사진 한 장 애써 걸어놓자
태화강에 붉은 허물만 질펀했을 뿐

애통哀痛과 애통愛痛
- 故 박재림 토마스 대부님을 기리며

파아란 하늘 위로
하느님의 손길이 스쳐 지나가는지
부드러운 솜털들이 둥둥 떠서 따라옵니다

2024년 8월 12일 부고 받은 날
대동병원 장례식장 6호실 분향소
여기저기서 훌쩍이며 애통해하고
위로받아야 할 미망인 서명희 안나 대모님은
대자 대녀와 문상객을 안으며 등을 다독이며
오히려 위로합니다

어느 날, 이 세상을 떠나 하느님 앞에 가면
무슨 말을 듣고 싶어요?
서명희 안나가 박재림 토마스에게 물었을 때

"토마스야, 참 잘 왔다. 너 만나기를 기다렸다.

정말 수고했다. 만나서 너무 반갑다."는 말과 함께
자신을 두 팔 벌려 반겨주셨으면 좋겠다고
소망했던 박재림 토마스

임이 지금 하느님을 향해 한 걸음 한 걸음
발길을 옮기고 있습니다

2년 전 수술하고 고단한 몸을 이끌던
박 토마스 대부님!

재속회 유기1반 교재 『마음의 여정 채비』를
이제 마지막이다 하며 수정하고
또, 이제 마지막이라며 건네주던 열정이
벌써 그리워집니다.

하느님의 마음으로 향하는 느낌과 생각을 담은

오창헌

책의 출간을 준비하던 박 토마스의 성심 여정

한쪽에선 슬퍼서 애통해하고
박재림 토마스 대부님과 서명희 안나 대모님은
하느님이 가르쳐주신 사랑의 통증으로 애통해합니다

이제 잠시 지상을 떠나
성심 여정의 발자취를 펼치며
우리가 가야 할 앞길을 비춥니다

주님, 박 토마스에게 영원한 안식을 주소서
영원한 빛을 그에게 비추소서

2부

불안

2016년 3월 7일
우리에게 @로 친숙한 이메일 발명가
레이먼드 톰린슨이 6일 별세했다고
AP통신이 보도했다
나 역시 오랫동안 이메일을 사용했지만
그에게 고맙다는 인사를 못했지
아마 그는 이메일을 발명하기 위해
수많은 밤을 고민했겠지만
나는 미안하게도 그의 발명품에 대해
별 생각 없이 사용했지
그 뿐인가
이젠 그 편리함이 점점 나를 불안하게 하여
그의 치적에 물음표를 달고 있지
인간 바둑은 더이상 알파고를 이길 수 없고
요즘 AI는 지구를 시간이 만들었다고 답하고
신이 존재한다는 걸 어떻게 확신하냐고 되묻고 있지

이거 컴퓨터하고 대화한 것 맞아!
무심코 꽃을 꺾는 이에게 속수무책인 꽃처럼
不眼으로 인해 세상이 不安하게 보이는 건
나만의 착각일까
佛眼의 눈으로 세상을 볼 수 없어도
무심코 꽃을 꺾기 전에 그 꽃에게서 佛顔을 보기를
하느님도 보고 예수님도 보기를
골뱅이는 달팽이처럼 느릿느릿 말을 건네는데
그게 레이먼드 톰린슨의 마지막 메시지라면
땡큐!

팽이

지구는 돈다
그러자 팽이는 쓰러지며 울었다
세상이 온갖 분풀이할 때도 태연했는데
무시 폭언 폭행 무수한 채찍질에도 당당했는데
지구가 도는 이유를 알고는 울었다

소위 중앙이라는 가면의 말솜씨는 훌륭하다
자신을 내줄 줄 모르고 자신에게 집착하는 병이 있지만
변방이라는 가면 또한 이에 못지않다
자신을 팽개치고 중앙이라는 가면을 쓰려 목매다니까

대한민국이 서울공화국이 되어가는 요즈음
수도권이 중심의 가면극을 펼치는 요즈음
수도권의 일극주의가 대한민국을 망치는 요즘
변방이라는 가면을 벗기면 보인다
아기의 울음소리가 사라지고 청년들이 사라지고

빈집들이 늘어나고 학교와 마을이 사라질 뿐

세상은 저들을 위해 아무 말도 남기지 않았다
세상은 저들이 스스로 무엇을 행동할지만 남겼다

가장 지역적인 것이 가장 한국적이고
가장 지역적인 것이 가장 세계적이다

다들 잊고 살지, 팽이가 돌다 쓰러질 때
팽이의 중앙이 중심을 잃어서가 아니라
팽이의 변방이 중심을 잃어 쓰러진다는 것을

어느 날, 지구가 돌며 말했지
나의 중심은 변방에 사는 너희들이야
혹 너희가 잠이 들어도 나는 돈다
그러자 팽이는 울고 말았지

새벽 풍장

자정 너머 1시 39분
세상에서 가장 사나운 소를 보았어요
순하고 우직한 이중섭의 황소보다는
투우사에게 맹렬히 돌진하는 들소를 닮았어요
그러나 사나운소는 투우 소처럼
쉽게 흥분하지도 돌진하지도 않았어요

나는 잠들 수가 없었어요
눈을 뜬 채 사나운소를 살피고 또 살폈어요

사나운소가 서 있는 들판은
목장도 없는 허허벌판

밤하늘의 별이며 구름
들판의 풀잎 이슬이며 스치는 바람만이
사나운소의 벗처럼 함께 있었어요

인간 세상에서는 꿈도 못 꿀
자유가 깃발처럼 펄럭이고 있었어요

처음엔 주인이 누구일까 궁금하기도 했는데
목장 지기를 꿈꾸었던 나도
어느새 사나운소가 되어
새벽 시간 위를 발아래 두고 달려가고 있었어요

달리다가 거꾸러져 눈과 입과 귀가 거죽과 발톱과 꼬리가
땅에 스미지 못하고
달리고 달리고 달리다
달리는 중에 하나씩 떨어져 나가는 사나운소를 보았어요

눈과 입과 귀가 떨어져 나가도 달리는 사나운소
거죽과 발톱과 꼬리가 떨어져 나가도 달리는 사나운소
뼈만 남을 때까지 지독하게 달리는 사나운소

이제는 한 그루 나무로 서 버린 사나운소
가끔 새들이 찾아와 위로하듯 노래 부르고
한때의 기쁨과 한때의 슬픔이
바람에 흩어지는
한 생애가 저무는 새벽을 보았어요

주인이 사라지면 그 어떤 것도 의미 없어질
사나운소 한 마리가
새벽 벌판에 창처럼 꽂혀 있었어요

어느 선생님의 낙서

1.

한 선생님이 골목 담벼락에 낙서를 했다

"그림자에 인성을 가르칩시다"

아이들이 답글을 단다

- 웃고 떠들 줄 안다고?
- 정말, 인사도 한다고?

아이들은 꽃과 구름과 나무를 그리고 색칠한다

끽끽 대는 아이들 장난에
담벼락이 혼쭐난다

2.

"그림자에 꿈을 드립니다"

- 그림자가 꿈꿀 수 있다고?
- 멋진 항해사가 될 수 있다고?

아이들은
바다도 그리고 큰 배도 그리며
신이 났다

3.

"낙서한다고 야단치면 바보"

마음을 키우려면

내 벽에 낙서할 줄 알아야 해

저 봐, 저것 좀 봐
내 그림자가 즐거워하는걸

이름값

인터넷에서 국숫집을 찾다가
올챙이 국숫집 차림표를 보았다

옥수수국수는 올챙이 2,000원
메밀국수는 콧등치기 3,000원
손칼국수는 가쉬기 3,000원
메밀부침은 살미적 3장 2,000원
동동주는 강냉이 술 4,000원

올챙이 콧등치기 가쉬기
살미적 강냉이 술
듣기만 해도 배가 부른
강원도 음식들

살미적살미적 다가오다
콧등 치며 장난치는데

적혀있는 숫자 모두 지우고
제 멋대로 매겨보는 이름값

내 마음 잘 보이는 창 옆에
미소 짓는 차림표 하나 달아 본다

어떻게 단풍 들까?

가을은 보기만 해도 좋고
듣기만 해도 좋다
좋아하지 않는다면
어떻게 마음이 붉어질까?

가을이 온다는 것은
온 세상이 철드는 일
철들지 않는다면
어떻게 세상이 순백이 될까?

단풍 든다 외쳐보라
어떻게 단풍 들지
어떻게 마음 비울지
단풍 든다 외쳐보라

겨울 심장

빙판길
정 끝으로 두드리자
붉은 흙이다

땅 밑에 핏줄이 있나?
멈칫하는데
부둥켜안은 채 솟아난
단풍잎 두 장

겨울바람 세찰수록
사랑은
더욱더 뜨거워져

오래도록 간직해온
햇빛 연서
얼어붙은 마음을 연다

화해

전학 왔다고
나를 요리조리 살핀다

한번은 한 애랑 다투었는데
그 애에게, 넌 자존심도 없냐?
나와 싸우기를 부추긴다

그렇게 그 녀석과
1년을 치고받고 싸웠다

우리 그만 싸우자
누구랄 것 없이 서로
손 내밀었다

아침이 오면
그 아이는 신이 나서

내 책가방까지 메고
등교한다

우린 한때
외로운 늑대처럼 울부짖었지만
이젠 누구나 부러워한다

환장하겠네

이쪽으로 흐르는 것은
시냇물이 되고
아지랑이 되고

저쪽으로 흐르는 것은
개나리 되고
진달래 되고

임진강의 바람

발 동동 구르며
시냇물 되어 보고
아지랑이 되어 보고

발 동동 구르며
개나리 되어 보고

진달래 되어 보고

돌담의 노래

칼바람 부니 밤이 흔들렸다
마을 길 이웃한 바람 가족들과
구멍 숭숭 뚫린 눈빛들이 돌담에 숨어 있었다
기슭에 머문 겨울을 세차게 흔드는 밤이었다
해마다 폭설에 잠겨도 아무도 치우지 않은 그늘
하얀 기억들이 마을 길과 밭들을 지나고 있었다
달빛 아래 번득이며 날이 서 있었다 그걸 돌담은
마을이 하얗게 얼어있기 전부터 알았다
실바람도 입을 꾹 다문 채 돌담 아래로만 다녔다
돌담과 돌담 사이는 모든 바람이 이어주었다
이야기는 이야기로 번져 이 동굴 저 동굴을 돌고
오름을 넘어 해안까지 한달음에 점령해 버렸다
그래서 겨울은 햇볕을 두 손에 꼭 쥐고도
이미 얼어버린 길을 녹이지 못했다

어느 해부턴가

바다 건너 진달래가 모여 삐죽이 귀를 세우더니
바람 이야기를 듣고 날아온 이웃들이 나타났다
사월 지도를 펼쳐 들고 돌담을 어루만지며
돌담 구멍 숭숭 뚫린 눈빛을 따라다니고 있다
해마다 돌담과 돌담 사이를 이어주고 있다
푸른 바다가 없다면 누구와 눈빛 맞출까
돌담은 버려진 이야기 잊힌 이야기를 들려주고
돌담에 핀 붉은 입술은 바다에 접신하고 있다

사월 파도

산새는 울지만 눈물이 말라버렸대
바닷새의 눈물은 너무 많아 철썩이고

수천수만 가슴 끓는 바다에서
물음표가 하얗게 달려오는 이유래

기적을 소망했지만
울음과 눈물이 엉켜버렸나 봐

그래서 꼬깃꼬깃
기억들이 뭉쳐 있어

잊힐 때마다 소인 없는 편지로 몰려와
하늘나라 우체통을 채워버린대

사월의 이유

봄에 피는 꽃들
붉게 붉게 피는 것은
그날의 눈빛 기억하기 때문

너나 할 것 없이 손잡고 어깨동무하며
바닷길 들길 사람 드문 산꼭대기까지
붉게 피는 것은

흔적이라는 흔적 깡그리 감추려 해도
시인의 눈빛으로 다시
타오르기 때문

바람의 노래

무애가無碍歌는
파계한 원효가 속인 행색에 표주박을 들고
길에서 불렀던 노래

원효는 중생을 어루만지며
무엇을 보았을까?

막히거나 거침없이 한 생애를 살며
자신을 던졌던 자리

일체무애인一切無碍人

일체 걸림이 없는 마음
무애박 무애무 무애가

위도 없고 아래도 없고 좌도 없고 우도 없는

차별 없고 분열 없는

남과 북이 없으니 분단도 없고
지역감정도 나라의 경계도 없는

원효의 그릇
원효의 몸짓
원효의 노래

붙잡아도 붙잡을 수 없는
그마저도 놓아두라는

고양이가 아냐

울산 울주군 웅촌면 대복리
어린아이가 쓰러졌다

살다가, 누군가 흘리고 가는 말
"물컹거리는 게 고양이인 것 같았어"

이 말이 왜 이리 끔찍한가?

오월, 덤프트럭이 쌩쌩 달리고
총알택시가 도로를 뚫고 달리던
국도 7호선

덜커덕, 누군가에 의해
물컹거렸을
로드킬

헤드라이트가 어둠을 지나치던 어디쯤
온몸을 웅크렸을 고양이는
털을 쭈뼛 세웠다가 파르르 풀었을까

그 누군가는

국도변 공터를 태우던 어린 유품들
한 점 재로 식어갔다는 걸

알기나 할까?

자신이 덫에 걸렸다는 걸

우화 1

오랜 옛날 우리 마을에 사람의 말을 할 줄 아는 고양이가 나타났대요. 그 고양이에게서 귀가 세 개 달린 새끼 고양이 푸득이와 찍찍이가 태어났지요. 두 개의 귀는 얼굴 양옆에 있고 나머지 하나는 특이하게도 뒤통수에 있었대요. 푸득이와 찍찍이의 뒤통수에 있는 귀는 마음의 소리를 들을 수 있는 특별난 귀였어요. 푸득이와 찍찍이는 사람들의 소리에 너무 힘이 들었어요. 오만가지 마음을 다 알게 되니 스트레스가 이만저만 아니었어요.

어느날 푸득이와 찍찍이는 하느님께 기도했어요. "하느님 제 뒤통수에 있는 귀를 없애주세요. 너무 힘들어요. 평범하게 살고 싶어요." 그러자 하느님은 푸득이와 찍찍이가 가여워 그 소원을 들어주기로 했어요. 그러나 조건을 내걸었지요. "네 나라 임금의 말만 들을 수 있게 하겠다. 그리고 사람들에게 그 말을 꼭 전해야 한다. 할 수 있겠느냐?" 푸득이와 찍찍이는 네 하고 대답했어요.

그러자 하느님은 뒤통수에 있는 귀를 보이지 않을 만큼 작게 줄여주었어요.

  임금이 내뱉는 마음의 말을 낮에는 푸득이가 밤에는 찍찍이가 전해줬어요. 임금의 마음을 알 때마다 푸득거리는 소리와 찍찍하는 소리도 들렸으므로 이후, '낮말은 새가 듣고, 밤말은 쥐가 듣는다'는 속담이 생겨났대요.

우화 2

 봄, 여름, 가을, 겨울은 하느님의 자녀입니다. 그중 가을은 외팔이 왕별입니다. 그래서 가을은 손가락이 다섯 개입니다.

 어느 날 하느님은 가을에게 아침의 나라 대한민국 바다를 살피게 했어요. 외팔이 왕별 가을의 손가락도 모두 별이어서 한반도의 하늘에 떠 있는데요. 첫째 돌고래별은 제주도 바다와 이어도, 제7광구 바다를 살피고요. 둘째 소나무별은 유라시아에서 제일 먼저 해가 뜨는 간절곶 하늘에서 매일 매일 해가 제대로 뜨는지 살피고요. 셋째 강치별은 울릉도 독도 동해가 안전한지 살피고요. 넷째 돌문어별은 우리나라 남해안에 펼쳐진 섬들과 바다 가족들이 잘살고 있는지 살피고요. 다섯째 전복별은 한반도 서해에 떠 있는 섬들과 바다를 무단으로 침입하는 무법자들을 감시하는데요. 그건 외팔이 왕별 가을이 평화의 파수꾼이라서 그래요.

 외팔이 왕별 가을은 평화를 호시탐탐 노리는 주변 침

입자가 나타나면 별빛으로 침입자를 가리키고 있어요. 아쉽게도 그걸 아는 사람이 몇 안 돼요. 왜냐구요? 그건 도시의 불빛 때문이지요. 자기 욕심에 눈먼 도시의 불빛에 가려 살다 보니 평화를 보지 못하는 거지요. 평화를 지키는 별들도 보지 못해요. 그러니 어쩌겠어요. 우리 마음이 평화를 담지 못하는 이유가 여기 있는걸요.

우화 3

 봄, 여름, 가을, 겨울은 새해 첫날 모임을 가졌어요. 일 년 열두 달 중 세 달씩 나누어 지구를 돌보자고 결정했지요. 봄의 가족은 삼 사 오월, 여름 가족은 육 칠 팔월, 가을 가족은 구 십 십일월, 겨울 가족은 십이 일 이월을 돌보기로요.

 봄, 여름, 가을, 겨울은 서로 역할이 달라요.

 봄은 씨앗을 뿌리고 싹을 틔우는 일을 해요. 첫째 초봄은 인권 가족가치를 지향하는 씨앗을 뿌리며 다니고요. 둘째 늦봄은 동등기회보장 평화와 전쟁에 관여해요. 초여름은 탄소중립 기후위기극복 환경보호를, 늦여름은 빈부격차완화 공공교육을 살핍니다.

 가을은 열매가 무르익어 거둘 수 있도록 도와줘요. 초가을은 경제정책과 분배를, 늦가을은 세금부과와 감면 복지정책을 고민하고요. 초겨울은 각 나라 간 외교 문제를, 늦겨울은 찬 바람만 부는 적대행위를 감시합니다.

 그런데 지구에 기후 위기가 찾아왔어요. 온난화로 북

극과 남극의 얼음집이 사라지고 있어요. 폭우와 가뭄이 불현듯 찾아와요. 어떤 나라의 십이월은 여름이 돌보고 어떤 나라의 칠월은 겨울이 돌봐요. 그뿐 아니라 가을은 어떤 나라에서는 보수의 가치를 주장하고 어떤 나라에 가면 진보의 가치를 주장해요. 참 이상하지요? 그러니 철새들이 날아와 꽃과 나무에 전하길 봄 여름 가을 겨울은 다중인격체래요.

  그런데 그건 철새들이 봄 여름 가을 겨울의 영혼이 얼마나 아름다운지 몰라서 하는 소리에요. 하느님이 지구가 불쌍해 눈물 흘리고 나면 일곱 색깔 무지개가 뜨는데요. 그게 봄 여름 가을 겨울의 영혼이랍니다.

물이라도 좋으니 아껴 줄래?

봄소식 겹겹이 이어지는 낙동강 벚꽃 십리 길
벚나무 빈 가지 틈틈이 벌어진 사이로
겨울을 이겨낸 하늘이 푸른 광채다
아니다 아직은 얼음 빛 설핏 비추어
푸를 듯 푸를 듯 눈가에 맴도는 설렘이다
초봄의 설렘! 그런데 이를 어째? 얇은 얼음장이
툭툭 끊어지며 입안에 감기는 기쁨 누려왔는데
걷는 자리에서 꽃샘추위에 움츠리기보다
봄이 부를 때마다 꽃 피는 기쁨 누려야 하는데
이를 어쩌나, 봄 가을이 사라지고 있단다
이제 이 땅에 겨울 여름만 남는다는데
겨울 봄 여름 가을, 계절의 문이 열려야 하는데
모른단다 겨울에 개나리가 노오란 얼굴 내미는데
꽃밭에서 꿀벌들이 사라지고 있는데, 모른단다
하니 벚나무가 하얀 입술을 쭈욱 내밀며 말한다
겨울 봄 여름 가을에겐 비밀의 문이 있어

봄 가을의 비밀에 나의 열쇠를 맞춰야 한다고
이제 물이라도 좋으니 아껴 줄래?

고양이가 운다

여름 새벽, 고양이가 운다
키 큰 은행나무를 넘지 못한 바람이 물큰
아파트 7층 베란다에 잡힐듯이 분다
며칠째 폭우가 쏟아져내리다 멈춘 오후
매미 울음이 푸른 은행잎을 키우고 있다
그 사이 치자꽃은 어디론가 간데없고
치자꽃향기에 시름 달래던 나는
달력을 바라보며 가을을 짐작해본다
다시 태풍이 상륙한다는데
위정자의 가시 돋친 말들이
거리를 한 번 더 할퀴고 갈 것이고
우리는 하늘을 한참이나 바라볼 것이다
우리를 평안으로 이끄소서
나의 기도는 늘 한결같은데
우리가 바라보는 곳은 늘 한 곳인데
하루의 끝에 서서 보면 다시 제자리

은행나무를 휘돌다가는 바람처럼
아파트 화단 옆에서 고양이가 운다

봄 달무리

화들짝 놀라 바라보았다
수십억 년 살아온 달을

명징하게 핀 달 한 덩이가
대체 무슨 일인지
목에 칼을 두르고 있다

봄은 참 순하게 피고 있는데
순둥이처럼 하늘을 쳐다보는데
온통 칼날에 싸여 춤추고 있다

지난봄부터 시작한 칼춤이
벌써 한 해를 채우고 있다

춘향이가 목에 키를 차고 이몽룡을 기다리듯
친구 K가 가게의 불빛이 타오르길 기다리듯

여기저기 임대 붙은 점포가 사람 냄새를 찾듯

그래도 한번 버텨보라며
푸릇푸릇 연둣빛 속살 내미는 새봄

마스크 속에서는 숨쉬기 어렵다고
그렁그렁해진 코 한 번 생-하고 풀어 보는데

그래, 버텨 보자
버티다 보면 살게 된다

꽃 핀 자리

어머니는 화나면
자식에게 개새끼라 합니다
당신이 개가 된다는 걸 알지만
속 시원하게 그 자리 마련합니다

저도 화나면
자식에게 개새끼라 합니다
저도 개가 된다는 걸 알지만
너도 너 같은 자식 낳고 개 돼 봐라
속 시원하게 그 자리 마련합니다

그런데 지나고 보면 그 자리
꽃자립니다

화가 풀리면
내 자식이 최고라 합니다

어머니도 저도
내 자식이 최고라 합니다

세상 모든 꽃자리 꽃이 져도
우리 집은 꽃 진 자리 아니라
꽃 핀 자립니다

겨울 수도자

화려함을 벗고 홀로 섰다

책속의 지식
요란한 현수막
국회 의사당의 신음
세상의 지혜가 될 수 없는 이야기들
모두 땅으로 던져 버렸다

손끝에 담은 하늘 빛
강의 떨림
산의 기울기
거리의 불빛
바다의 무한량을 밝히며

오로지 깡마른 숲에 돋을새김 한
'나'라는 마음 한 그루에

채울 빛깔만 남겼다

빈 마음이 바람을 탄다
비의 현에 울리는 소리를 들으며
나의 본래 씨앗을 바라, 본다

봄이 오는 길목을 본다

물방울 탑파

파래소에 가면
수천만 개 물방울의
독경 소리 들을 수 있지
울산 간월산과 신불산
그 신성함이 깃든
파래소에 가면

고집멸도의 세계는
얼마나 깊고 또 깊은지
명주실 한 타래 풀어도
바닥에 닿지 않고
독경 소리 차곡차곡 쌓여서 이룬
수천만 층 물방울 탑은
앞을 못 보는 마음에
타파를 외치며 서 있다

다 가져갈 그릇이 못 되거든
다 내려놓고 가거라

파래소에 가면
수천만 개 물방울 타파
독경 소리 들을 수 있지

* 탑파塔婆: 불탑(佛塔) 혹은 줄여서 탑(塔)이라고도 한다.
* 타파打破: 부정적인 규정, 관습, 제도 따위를 깨뜨려 버림.

새벽별

바다가 보고 싶어 슬도에 가니
내 안의 바다를 보라 한다
슬도에 울려 퍼지는 파도 소리
내 안의 파도를 보라 한다
깨어 있는 별에 물어보고
내 안의 별을 찾으라 한다
등대에서 두리번거리다
잊고 있던 한때의 갈망이
소주잔을 들이키는 게 보인다
밤을 새우며 사랑과 열망
희망과 좌절의 한때를 지나
선술집의 기억이 나를 부른다
뒤돌아보면 볼수록 아늑한데
새벽이 내 안의 문을 두드린다
내 문을 열고 나를 깨운다
내 청춘을 불러내고

내 주변을 살핀다
새벽이 나를 깨우는지
내가 나를 깨우는지 모르게
첫새벽은 찾아와 나를 깨운다
새벽은 별의 영혼
새벽은 나의 밥 나의 정신
내가 가야 할 길이 되었다
새벽은 내 눈으로 나를 보지 말고
별의 시선으로 느끼고 살피라 한다
새벽은 나를 깨뜨리기 위해
날마다 내 문을 두드린다
깨어 있는 별에게 물어보고
내 안의 새벽을 찾으라 한다
내 안의 바다를 보고
내 안의 파도 소리 들으라 한다

감사의 그릇

밤입니다
어둠 속에 빛나는 달과 별이 아름답습니까?
네 아름답습니다, 하고 당신이 답한다면
당신의 마음이 감사하다고 말하는 것입니다

아침햇살이 따스할 때
잔잔한 바다에 윤슬이 빛날 때
아, 하고 감탄하고 있다면
당신의 마음이 감사의 그릇을 빚는 것입니다

밥을 담는 밥그릇 국을 담는 국그릇이 있듯
당신의 마음에도 그릇이 있습니다
그 그릇에 감사합니다는 말을 채우십시오
그 그릇에 빛나는 말씀이 무엇인지 생각하십시오
네 그러겠습니다
그 말씀에 고마움을 심겠습니다, 하고 우리 스스로 답

한다면
  우리는 서로의 그릇을 감사함으로 빚는 것입니다

  감사하며 삽시다
  그러니 배려하고 존중하고 양보한다면
  우리는 잘살고 있는 것입니다

  밤입니다
  어느 한 분이 흐뭇해하시는 눈길이 느껴진다면
  우리의 그릇은 더욱더 단단해질 것입니다

시작일까 끝일까

가지에 피는 꽃은 시작일까 끝일까
나무에는 이야기가 새겨져 있어
나무는 불덩이의 인두를 가졌는지 몰라
그 이야기는 어떤 비바람에도
불볕더위에도 지워지지 않아
해마다 자신만의 사연을 담아두지
자신의 역사를 천천히 새기다 보면
계절이 지날 때마다 기억이 솟아나나 봐
지나간 상처 옆에 나란히 기억을 새기고 있어
우리의 상처 옆에 다시 기억이 자라고 있어
잊힌 역사는 되풀이된다는데
길에서 피는 꽃은 시작일까 끝일까
남아 있는 기억은 시작일까 끝일까

❙시인의 글❙

시 창작의 여정

시 창작의 여정

 2011년 9월 3일 토요일, 나는 울산의 몇몇 시인들과 함께 울산 기행 행선지로 웅촌의 은현리적석총과 이웃한 웅상의 우불산성, 우불산신사를 찾았다. 두루 돌아보고 웅촌면 곡천리에 있는 한 식당에서 점심을 먹고 커피 한잔을 하고 있을 때였다. 맞은편 회야강 건너 대숲에 바람이 불었다.

 대숲은 좌우로 흔들리더니 이내 멈추었다. 순간 바람의 집이 무너지는 것을 보았다. '바람의 집이 무너졌다'와 그것이 '폐가'라는 인식은 지금까지 경험해 보지 못한 나의 시안(詩眼)이 되었다. 동시에 그간 품었던 시에 대한 의문이 눈 녹듯 사라지고 있었다.

 대상의 그 너머를 보는 눈이 내게도 생긴 것이다. 나는 흥분을 감추지 못한 채 집에 돌아왔고 다음 날 새벽 네 시에 눈을 뜨고 「폐가」라는 시를 썼다. 이어 함께 갔던 시인들의 시 나눔 사랑방인 다음 카페 '쏘울비상구'에 올렸고 토씨 하나 고치지 않고 첫 시집 『해목』에 「투명한 폐가」라는 제목으로 실었다.

   바람이 멎었을 뿐인데
   대숲이 새파래졌다
   햇살은 댓잎 위로 덩치를 키우고
   투명한 詩體는 적멸 중이다
   ―「투명한 폐가」 전문

 바람의 집이 무너지는 순간과 시에 대한 나의 열망이 담긴 이 시는 내게 기념비적인 첫 작품이 되었다. 이후 내게 온 이 기적이 이 한 편으로 끝나지 않음을 알게 되었다. 그래서 나는 그간 내 시 창작의 여정을 담은 한 편의 시를 《시애》에 발표했다.

   옛날에 오 씨라는 사람이 밥 먹고 하는 일이
   자신의 빈 문패를 쓰러뜨리고 세우는 일이었다
   아침에 쓰러뜨린 문패를 저녁이면 세웠다

칠흑 같은 밤이기도 했고

비 오는 새벽녘의 일이기도 했으며

세우지 못한 날도 있었다

세울 때면 붓으로 맹물을 찍어

빈 문패 위에 무언가를 적었다

그는 자신을 찾고 있었다

누구인지 알고 싶었다

왜 사는지 묻고 있었다

그걸 위해 시를 썼다

한 편씩 쓸 때마다 자신을 찾아갔다

한 편씩 쓸 때마다 빈 문패가 세워졌다

어느 날 빈 문패를 쓰러뜨렸는데도 편안했다

이제 그는 굳이 자신을 찾아 떠나지 않아도 되었다

그는 자신을 찾는 일로 더 이상 시를 쓰지 않았다

가끔 자신과 어울리는 세상에 대해 읊조리면 그만이었다

그는 빈 문패 위에 먹물을 찍어 자신을 써 내려갔다

空頭, 비어있는 것은 모두 머리다

그는 허공에 머리를 내밀었을 뿐인데

사람들은 그를 '허공의 머리'라 불렀다

―「空頭」 전문

내가 쓴 시가 나를 위무하고 있다니 비로소 나는 내게 시인의 타이틀을 붙여 주었다.

시인이라는 타이틀은 남이 달아주는 이름표가 아니다. 내가 쓴 시는 누구보다 내가 잘 안다. 내가 어떻게 썼는지 나보다 잘 아는 사람은 없다. 내 리듬으로 썼는지 남의 리듬을 흉내 냈는지…. 자기만의 방식으로 표현을 찾아 쓴다면 그것이 곧 나를 매료시키는 내 시의 시작이 아닌가.

이를 계기로 나의 시 쓰기는 이전과는 확연히 달라졌다. 시적 대상과 나의 대화는 즐거워졌고, 마음이 뜨거워지면 한 편의 시가 새어 나왔다.

이전 나의 시 쓰기는 참 답답하고 암담했다. 순식간에 쓴 글이 시가 되기도 했지만 내가 쓰고자 했던 내용은 시가 되지 않았다. 어떤 것은 시가 되고 어떤 것은 왜 시가 되지 않는지 그 답답한 속내를 어찌 다 설명할 수 있을까. 내 리듬이 무엇인가 고민하고, 여유 없는 나를 여유 있는 나로 이끌어도 보고, 사랑하는 마음이 부족한 까닭이라는 생각에 이르렀을 때는 내 속을 넓히는 마음공부를 하기도 했다. 천재 시인으로 타고나지 않은 자가 시인이 되려면 어느 누구라도 이런 고민과 시간을 들이지 않고서는 한 줄의 싯구가 나오지 못하는 것이다. 그중에서도 나는 둔재 시인이기에 그 기간이 오래 걸렸다.

나는 시 공부를 하면서 소위 '좋은시'라고 알려진 시들을 필사하지 않았다. 남의 영혼과 습관이 내 글에 묻어나올까 하여 매우 경계했다. 10년이고 20년이고 파고들다 보면 제대로 된 시를 쓰겠지, 하는 막연한 기대 같은 게 있었다.

시를 정식으로 공부하기 전에 고등학교 때까지 나의 꿈은 화가가 되는 것이었다. 어머니에게 내 꿈을 밝혔을 때, 어머니는 "화가가 되면 빌어먹을 정도로 가난하게 산다"며 장래를 걱정했다. 그래서 어린 생각에 돈 걱정 안 하면서 그림을 그릴 수 없을까? 하는 물음을 내게 던지곤 했다. 그래서 나름 찾은 방법이 이중섭의 은지화를 미술책에서 보고는 은지화를 그리는 것이었다. 그래서 1986년 '국립현대미술관 과천'이 개관했을 때 이중섭의 은지화가 전시된다는 기사에 몇 번 찾아가서 유심히 살피기도 했다. 이후 두 장의 은지화를 그리며 꿈을 키웠지만, 돈 걱정 없이 할 수 있는 다른 방법을 알고서는 이내 꺾이고 말았다. 하나는 애플이 만든 매킨토시라는 컴퓨터에서 포

토샵 앱으로 표현할 수 있는 그래픽디자인이고, 다른 하나는 종이와 필기구만 있어도 되는 글쓰기였다. 매킨토시를 활용한 디자인은 나에게 창의력을 발휘하도록 하여 먹고살게 해 주었고, 글쓰기는 나에게 정신적 자양분이 되었다.

 1987년 나는 은사인 신명석 시인을 만나 본격적인 시 공부를 시작했다. 신명석 선생님이 말씀하시길, 10년간 시 공부를 하다 보면 시인이 될 수도 있고, 아니면 시의 고급 독자라도 되어 있지 않겠냐고 하셨다. 이 말씀이 내 마음을 편안하게 했다. 10년 공부해 보고 아니면 독자로 남지 뭐…, 라고 쉽게 생각했다. 어떻게 하면 돈을 많이 벌까? 좋은 직장을 얻을까? 라는 생각은 하지 않았으니 지금 생각해 보면 참 어리석은 나였다.

 시 수업료는 가끔 해녀인 어머니가 잡아 놓은 문어 몇 마리, 해산물을 드리는 게 전부였다. 그럴 때마다 신명석 선생님은 문어 좋지, 하고 웃으시며 나를 다독이셨다.

 시를 몇 편 써서 선생님을 찾아뵈면 빨간색 볼펜으로 단어들에 동그라미를 쳐 주셨다. 이 단어에 대해 생각해 보라는 것이다. 한 번은 자갈치 시장에 가서 온종일 앉아

서 지나가는 사람들을 살펴보라고 하셨다. 자갈치 시장 한 귀퉁이에 앉아, 이게 무슨 의미인지 몰라 도대체 내가 무슨 짓을 하고 있는지 한심하기까지 했다.

한 2년이 지났을까. 시 원고에는 파란색 볼펜으로 밑줄 친 싯구들이 연결되며 시 한 편의 의미가 되어갔다. 대학을 졸업하고 군대를 다녀오고 난 어느 날, 시 원고에는 연필로 쓰인 감상평이 내 눈을 반겼다. 그러나 시는 도통 알 수 없는 존재였다.

1991년, 서울에서 박재삼 시인의 자제인 박상하 씨가 운영하는 삼하문화사의 도움으로 그동안 써왔던 시들을 모아 시전집(詩展集)을 출간하고 부산가톨릭센터에서 시전을 열었다. 시전을 끝내고 나는 먹고사는 일을 서울 동대문에 있는 '지성의 샘' 출판사에서 시작했다. 그 인연으로 박헌호 시인을 만나고, 문학통신사 대표인 이지룡 선배가 중심이 된 서울문학회 활동을 시작했다. 격려를 아끼지 않던 김규동 시인과 김신용 시인의 시가 가슴을 울렸고, 부산에서 먼 길을 마다하지 않고 찾아왔던 변의수 시인, 시집 『사랑도 아프터 서비스를 받을 수 있다면』으로 주목받던 이복희 시인 등과 교류했다. 일 년간 다니던 출판사를 그만두고 이지룡 선배의 배려로 1991년 12월

종로1가에 자리 잡은 문학통신사 한쪽에 매킨토시 두 대와 전자사식기 한 대를 놓고 '한줄기획'이라는 인쇄기획사를 차렸다. 젊었기에 가능한 무모한 도전이었다.

1992년 여름, 서울 생활을 뒤로 하고 부산에 내려와 중앙동에 사무실을 차렸다. 그해 가을에 결혼했고 1994년 5월 큰애 '한솔'이 태어났다.

부산에 와서는 최영철 시인을 만나 '부산·경남젊은시인회의'의 일원으로 활동했다. 이상개 시인이 운영하는 빛남 출판사에서 출간한 송유미 시인의 시집 『파가니니와의 대화』 표지, 시 계간지 《시와 사상》 표지를 디자인하는 등 겨우 입에 풀칠하며 운영하던 한줄기획은 1996년 울산에 인쇄 관련 일자리가 생기면서 세상에 한줄기획을 긋고자 했던 부푼 기대와는 달리 아쉽게도 한줄기획으로 사라지게 되었다.

현재, 시 계간지 《사이펀》 발행인인 배재경 시인과 마음이 맞아 울산에 와서도 1998년에 창간한 무크지 《가마문화》, '고래와 바다 시전' 등 여러 문학 활동을 함께 해오고 있다. 최영철 시인과 서규정 시인은 선배로서 후배를 아끼는 마음에 《문학지평》에 시를 추천하고 싶으니 정식 등단 절차를 밟으라고 내게 조언하였으나 시인으로서 나의 준비가 덜 되었기에 정중히 사양했다.

1996년 5월, 1년만 고생하자는 생각으로 울산에 왔지만, 울산에는 '부산경남젊은시인회의'의 의장인 김태수 시인과 정일근 시인이 있었다. 그해 부산작가회의에 이어 울산작가회의가 설립되면서 나 역시 자연스럽게 울산작가회의의 일원이 되었고, 김태수 시인이 회장, 정일근 시인이 사무국장, 내가 사무차장으로 활동하게 되었다.

1997년, 울산상공회의소 기관지 《울산상공》을 디자인하게 되었는데 담당자에게서 울산공단문학상 공모 사업에 회원인 산업체 근로자가 아니더라도 울산 지역의 근로자와 가족은 응모할 수 있다는 말에 시 열 편을 보냈다. 운이 좋게도 「깨끗함을 위하여」 외 시 2편이 최고상인 최우수를 받았다. 그해 7월 둘째 '한길'이 태어났다.

1999년, 나는 어깨너머로 배운 디자인에 한계를 느끼기 시작했다. 세상은 인터넷이라는 새로운 방식의 매체에 주목했고, 웹은 곧 세상을 새로운 물결로 이끌었다. 그래서 나는 울산대학교 정보통신대학원 정보디자인학과에 입학하여 정식으로 웹디자인 등 새로운 디자인을 공부하게 되었다. 문학 관련 컨텐츠를 책만이 아닌 새로운 방식으로 디자인해 보고 싶은 욕심도 있었다. 직장과 공부를 병행하다 보니 여러 가지로 어려움이 많았다. 2004년 2월에야 겨우 석사논문 『수용자 중심의 시 감상 멀티미디어 컨텐츠 제작』이 통과되어 졸업했다. 논문은 '영상시 제작'에 관한 내용이다. 이후 고래영상시 등 영상시와 영상시노래 제작에 힘을 기울여 여러 문학 콘서트와 시 교육에 문학 활동가로서 참여하게 되었다.

울산작가회의 사무처장, 이사, 《울산작가》 편집주간을 맡고, 정일근 시인, 안성길 시인과 함께 고래문학제와 시노래 운동, 무크지 《고래와 문학》 발간, 푸른고래 출판사 설립 등 지역 출판 운동을 하며 나름 지역 시인으로 활동해 왔으나 시에 대한 고민은 늘 나를 압박했다. 내가 쓰고 싶은 내용이 시가 되도록 온 힘을 다 해보았지만 만족스럽지 않았다. 번번이 깨졌다는 표현이 맞다. 오랜 시간 내 시에 내가 깨지는 동안 내 시도 내게 틈을 보이기 시작했다. 그래서 내가 쓰고 싶은 시 한 편을 쓰게 되었다.

"내게 고향이란... 군소개작전에 따라 소각된
잿더미 모습 그대로 머리에 떠오르는 것"*

거미야 흩어진 기억을 붙잡으러 왔니 저미는 봄빛을 붙

잡으러 왔니 니가 더듬듯 갓 피운 꽃잎 하나, 낡은 집이 기우뚱거린다

 니가 새로 집 짓는 것이 밤이슬 속에서 새벽이슬 속까지 마냥 애태우는 것이 허공에 눈 틔우는 길이라는 걸 웅크린 새벽에도 여명을 보면 안다

 바람 불 적마다 낮은 목소리 섞어 기록하던 키 작은 집들

 그 집에 살던 청미래덩굴과 밥 연기와 빈 마을을 어슬렁거리던 햇살과 추적추적 내리던 빗줄기의 오랜 이야기는 아직 곡예 중이다 그 무엇도 땅 짚지 못하고 허공을 떠도는 곡예사들이다

 살 에이는 꽃샘바람에도 사월은 꽃잎을 피운다

 무거울 정도로 어두운 집터, 꽃이란 오랜 기억을 갈고 갈아 투명한 속살이 되는 이슬, 잠시 머물다 떠나고 다시 돌아와 오랜 나무의 벗이 되는 한해살이

 꽃잎이 하나하나 오름을 오르고

 낡은 집은 무너져 내린다

* 현기영 作 「순이 삼촌」에서
 ─「꽃잎 하나」 전문

이후 첫 시집에 함께 실린 「지리망산 으름꽃」, 이번 시집에 실린 「돌담의 노래」 등 어쩌다 보니 몇 편 건졌지만, 제주4·3과 세월호 사건을 빼닮은 남영호 사건이라는 역사적 트라우마에 갇힌 내 가족과 제주민에 대한 시적 자각은 늘 내 시 창작의 여정을 곤혹스럽게 만드는 주제이다. 그러는 사이 어느덧 시간은 흘러 내 나이 육십을 바라보고 있다. 고래를 사랑하는 시인들의 모임, 한국해양문학가협회, 부산가톨릭문인협회, 금정구문인협회, 늘창문학회, 나로문학회, 바다 동인, 봄시 동인의 시벗들과 시를 나누고, '경부울 문화연대' 문화예술인들과 함께 경남·부산·울산 지역 문화의 현안에 대해 고민하며 산다.

  심수향 시인은 시집 『사바나를 벗어난 동물처럼』에서 "시에게 미안하다"고 했다. 나 역시 겨우 한고비 넘겨 시를 쓰고 있지만 내게 주어진 과제 앞에선 허둥대고 있으니 아직 갈길이 멀다. 그 과제들을 마음껏 휘어잡지 못하니 부끄럽게도 시에게 고백할 수밖에 없다.

"시야, 미안하다."

날달걀 세우기

초판 1쇄 인쇄 2024년 12월 15일
초판 1쇄 발행 2024년 12월 25일

지은이 | 오창헌

펴낸이 | 정연순
펴낸곳 | 도서출판 가을

출판 등록 2017년 10월 31일 제2017-000012호
46280 부산광역시 금정구 수림로 107 1동 701호 (장전동)
전   화 | 010-5449-9365
이메일 | 2220124@daum.net

북디자인 | 숨비소리

ISBN 979-11-984540-3-4 03810 : ₩12000

* 이 책은 울산광역시 · 울산문화관광재단의 '2024 예술창작활동 지원사업'
  의 지원을 받아 발간되었습니다.
* 이 책은 저작권법에 의해 보호받으므로 무단 전재와 복제를 금합니다.